MW00949198

Made in the USA
Monee, IL
26 April 2022

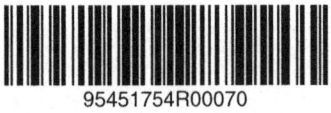